BEI GRIN MACHT SICH IHR WISSEN BEZAHLT

- Wir veröffentlichen Ihre Hausarbeit,
  Bachelor- und Masterarbeit

- Ihr eigenes eBook und Buch -
  weltweit in allen wichtigen Shops

- Verdienen Sie an jedem Verkauf

Jetzt bei www.GRIN.com hochladen
und kostenlos publizieren

Bibliografische Information der Deutschen Nationalbibliothek:

Die Deutsche Bibliothek verzeichnet diese Publikation in der Deutschen National-
bibliografie; detaillierte bibliografische Daten sind im Internet über http://dnb.d-
nb.de/ abrufbar.

Dieses Werk sowie alle darin enthaltenen einzelnen Beiträge und Abbildungen
sind urheberrechtlich geschützt. Jede Verwertung, die nicht ausdrücklich vom
Urheberrechtsschutz zugelassen ist, bedarf der vorherigen Zustimmung des Verla-
ges. Das gilt insbesondere für Vervielfältigungen, Bearbeitungen, Übersetzungen,
Mikroverfilmungen, Auswertungen durch Datenbanken und für die Einspeicherung
und Verarbeitung in elektronische Systeme. Alle Rechte, auch die des auszugsweisen
Nachdrucks, der fotomechanischen Wiedergabe (einschließlich Mikrokopie) sowie
der Auswertung durch Datenbanken oder ähnliche Einrichtungen, vorbehalten.

Impressum:

Copyright © 2015 GRIN Verlag, Open Publishing GmbH
Druck und Bindung: Books on Demand GmbH, Norderstedt Germany
ISBN: 9783668353039

Dieses Buch bei GRIN:

http://www.grin.com/de/e-book/344669/geschichte-der-spanischen-literatur-vom-
mittelalter-bis-zum-barock

Erika Wießner

Geschichte der spanischen Literatur vom Mittelalter bis zum Barock

GRIN Verlag

Geschichte der Spanischen Literatur

(vgl. Neuschäfer 2006)

1. Zweck von Literaturgeschichte
   - Kenntnis in zeitlicher Dimension
   - Kulturelles Kontextwissen
   - Fiktionaler Text ist kein Abbild der Realität (also nicht referentiell zur Realität!)
   - Was wurde in anderen Epochen gedacht > Wiedererkennen des Bekannten im Historischen.
   - Relativierung d. Einschätzung u. Beurteilung auch der eigenen Kultur.

2. Epoche und Epochenbegriff (nicht = Periode od. Zeitabschnitt!)
   - Überschneidung ist möglich

   - Modellhaftes semantisches Konstrukt, im Sinne eines Merkmalbündels von zentralem rekurrenten Charakteristika mit einem zeitlichen Index

   - der Weg des Forschers entscheidet über allg. Verständnis d. Epoche
   - Merkmal(bündel) immer wieder in vielen Texten ähnlich, typisch
   - Zeitraum! Einordnung mit Überschneidungen

3. Was ist spanische Literatur?
   - Nur spanische Sprache?
   - Nur aus Spanien? Kolonien auch?
   - Beispiel: arabische Muwaššah: mit 2zeiligem Sp. Schlussvers, der Jarcha

   | بِيشِّض > | tnt amary | > | tanto amare |
   | فهمَّزِ > | enfrmyrm whyws | > | enfermeron olhios (ojos) |

1) Mittelalter

1.1. Reconquista & Convivencia (Neuschäfer S. 11)

Islamische Herrschaft/Expansion
3 Kultursprachen
622 n. Chr. Auszug des Propheten Muhamad aus Mekka nach Medina
zunächst keine Islamisierung der Eroberten
711 n. Chr. Târiq gabal at Tariq > Gibraltar

Al Andaluz(Herrschaftsbereich): Emirat – Sitz in Cordoba, untergeordnet dem Kalifat Darmaskus. Später ist auch Al Andaluz ein unabhängiges Kalifat.
Höhepunkt der Herrschaft 10 Jhd. Errichtung der Alhambra.
Schriften von Ibn Rushd (Averroës– Aristoteles Kommentare) Neuschäfer S. 15
Die Rückeroberung erfolgt (ab dem Jahr 722 ab Covadonga bei Oviedo) die tarifas (zersplitterte Teilkönigreiche) können nicht mehr standhalten. (Neuschäfer S.9)

Christliche Rückeroberung
Aus 2 Kernen: Kantabrien/Asturien (Cast.León) und Pyrenäen/Katalonien (Aragon)
Jaume el Conqueridor: (http://de.wikipedia.org/wiki/Jakob_I._(Aragón))
1233 Balearen   (Neuschäfer S.11)
1236 Córdoba
1248 Sevilla
1492 Granada
                mudejares = musl. Unter Chr. Herrschaft
                moriscos = zwangskonvertierte Moslems zum Christentum
                mozaraber = zum Islam übergetretene Christen

Wirtschaftlicher und Kultureller Austausch > Hybridität durch Austausch
Kulturelles Zentrum: Toledo. Escuela de Traductores. Alfonso X el Sabio.

Literaturbeispiele, zugeteilt den Begriffen Reconquista und Convivencia:

1.2. Literatur der Reconquista zugeordnet (Neuschäfer S.24)
Cantar de Mio Cid (1207 oder bereits 150 Jahre früher durch mündl. Überlieferung)
Ältestes Heldenepos. Gattung: Cantar de gesta. Sprechgesang durch Spielmann 'juglares'
Ähnlich dem Rolandslied (fr.) oder dem Nibelungen (dt)
„El que en buena hora cinxo espada" Der Cid ist Herrführer(kein christl. Glaubensführer!)
Konflikt: Cid vs. Alfons v. Kastillien, seinen Lehnsherren.

Libre dels fets   Jaume I (Jakob der Eroberer), Buch der Taten
evtl vom König selbst geschrieben/diktiert – ält. Autobiographischer Text Europas
84. Kapitel: Eroberung Mallorcas: Weißer Ritter auf Weißem Pferd. HL Georg
Christliche Eroberung/Mission. Jaume I Vorkämpfer d. Chr. Glaubens

1.3. Literatur der Convivencia zugeordnet (Neuschäfer S.16)
Ramon Llull (Geb. Mallorca 1236) ,
Libre del gentil 1270. Buch des Heiden.
Seine Lehre beruht auf seinem Erleuchtungserlebnis.
4 Sprecher: Muslim, Christ, Jude, Heide. Disputation: gleiche Bedingungen
Aber: Christ spricht überzeugender bei seiner Paradies Konzeption. (etwas Christliche Überlegenheit)

1.2. Analogia entis – Mittelalterliches Denken

Epistemologie (Grundgedanke, wie, warum entsteht Wissen zu bestimmten Zeiten)

1.2.1. Alfonso el Sabio   **1.2.2. Ramon Llull**   **1.2.3. Enrique de Villena**

Sphähren nach Sacrobosco, Abbild der Welt. 4 Elemente im inneren Dynamik/Veränderung, Reibung erzeugt Musik: Sphärische Klänge.

Schema huius præmiffæ diuifionis Sphærarum.

Analogisches Denken des Mittelalters
↓ (Michel Fouccault, Geschichte der Denksysteme)
Erkenntnis: Ähnlichkeitsrelation der Dinge

Natur/Vergänglichkeit ↔ Bauer/ Beständigkeit
menschl. Gesicht ↔ Himmelsgestirn
(Turmbau v. Babel Zerfall der urspr. Bennenung v.
Gott. Wörter waren nicht abiträr.)

Abb.: Neuschäfer 2006: Spanische
Literaturgeschichte

2.1.1. Analogisches Denken bei Alfonso el Sabio
Buch über Gesteine. 360 versch. Steine = Winkelgrad d. 8. Himmel
alles unsumgebene wird von den Himmelskörpern/Sternen beeinflusst
Ordnungsprinzip j. Stein ist Winkelgrad u. Tier zugeordnet. Steine entsprechen
Gestirnen. (Text aus dem Arabischen)

2.1.2. Ars Lluliana (Llull)
Wahrheit des Glaubens und Vernunft in Einklang!
Glaube durch Vernunft (libre del gentil)
Rationale Beweisbarkeit des Glaubens

Ars generalis ultima
Begrifsreihe aus 9 Elementen:
Eigenschaften Gottes (produktiva): Größe, Ewigkeit, Macht, Weißheit, etc.
Alles umgibt uns – 9 Begrifsreihen in Kombination
Elefant manifestiert die Göttliche Größe

Frage und Antwort kominatorisch generieren

zusammengestellte Sätze anwenden – erklärt
Phämonene.
Kombinatorik – nicht willkürlich sondern
Glaubensbeweis!

(Neuschäfer 2006: Spanische Literaturgeschichte)

(vgl. Neuschäfer 2006)

Enrique de Villena Mytheninterpretation
Los doze trabajos de Hercúles (Die taten des Herkules)
Lehren und Handlungsweisungen in 12 Kapiteln
1. Kapitel/1.Tat:
Gigant verliebt sich in Junio (dann Verwechlung mit einer Wolke) – Zentauren
aus Irrtum (Gigant = Gier) entstehen die Zentauren, Bestialische Tiere/Sitten
(Hermeneutische Technik als Neuanwendung merfacher Schriftsinn.)

Antike – heidnische Mythologie nach christilcher Interpretation durch Übertragung wieder
fruchtbar und anwendbar! (Vgl. Neuschäfer 2006)

Oralität in der mittelalterlichen Literatur

Einstieg
* Gemälde: Lull im Disput mit den muslimischen Gelehrten, im Hintergrund Gebäude
  mit katalanischen Fahne, Bildmitte: Turm mit Fahne des Tunis

1.3.1.
* Paul Zumthor legt seine Betrachtung zur mittelalterlichen Literatur nicht einfach in
  aneinander gereihte Buchstaben, sondern ins Werk
* Ihn interessiert auch seine Entstehungs- und Rezeptionsgeschichte
* Er unterscheidet 5 Arten von Zugriffen:
  1. Phase: Produktion
  2. Phase: Übermittlung (an z.B. Kollegen)
  3. Phase: Rezeption (Vortrag ans Publikum)
  4. Phase: Bewahrung
  5. Phase: Repetition (Wiederholung des Werkes, z.B. in die Bib gehen und es lesen)

- Vorher mündliche Transición, das gilt nicht nur für Heldenepen → Medialitätswechsel zur Schriftlichkeit
- Trobador liegt erst schriftlich vor, dann mündlich → Medialitätswechsel zur Mündlichkeit
- Zumthor interessiert sich für die Dichtung bei der die Rezeption mündlich erfolgt
- Zw. Text und Werk liegen unterschiede vor

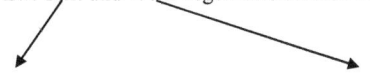

Sprachl. Abfolge d. Wörter gegenüber

Rezipient u. Vortragender stehen sich „live"

- Zumthor hat Mediävistik voran gebracht

(Vgl. Neuschäfer 2006)

1.3.2. Trobadorlyrik und die Auswirkung auf die iberische Halbinsel

- Frühste Lyrik im Mittelalter in rom. Sprache war Trobadorlyrik (1150- 1190 auf okzitanisch)
- Okzitanisch wird zu einer Dichtungssprache
- Trobadorlyrik ist Ausgangspunkt für die Lyrik als Wissenschaft
- Vor allem im Königreich Leon und Arragon hat die T. Lyrik ihre Wirkung gezeigt
- Kastilischer Königshof zweisprachig: galizisch/ portugiesisch
- Es gibt Trobadorlyrik und Lyrik der iber. Halbinsel
- Auf Spanisch gibt es 3 Handschriften (s. BB cancineros)
- Einige der cancineros sind auch mit Musik überliefert worden
- Hofleute die T. Lyrik verleugnen (Name??)

- Beziehungsdreieck
  Die Herrin   Die Eifersüchtige

          Ich
      (Trobador)

Vgl. Neuschäfer 2006

1. Gedichttyp
Gedichte über soziale Fragen (Lob des eigenen Ich, soziale Missstände→ cantiga de escribio y maldizer
2. Gedichttyp
Zwei Personen wechseln sich ab, Dichten im selben Metrum, eine Strophe für den einen, eine für den anderen → cantiga de amigo

3. Gedichttyp

Es spricht eine weibliche Stimme, die klagt. Es ist trotzdem nicht klar, ob das Gedicht von einem weiblichen oder männlichen Autor geschrieben wurde → cantiga de amor

- Die, die Gedichte verfassen sind Trobador
- Spielleute führen Gedichte auf oder machen die Musik
- Abbildung: 2 Musiker, der linke ist ein islamischer, der rechte ein christlicher Musiker (Neuschäfer, 2006)

1.3.4. Text und Aufführung

- Kritische Edition mit Varianten
- Kommentierte Edition
- Weibliche Stimme spricht über Geliebten (Ach ihr Blüten am grünen Zweig, wenn ihr doch Nachrichten wisst von meinem Geliebten..)
- Auffällige Strophenform, von den 8 Strophen enden alle gleich, Gedicht ist für den mündlich, musikalischen Vortrag konzipiert

Cancinero de la Colombia (1451- 1506)
Más me querria dos setas
Mi curron mi camarron
Mi cayada y mi almarada
Y mi yesca y mi eslabón   → Silben bestimmen (8 Silber)

(Vgl. Neuschäfer 2006)

2. RENAISSANCE
Renacimiento
Vom Spätmittelalter zu Humanismus und Renaissance

BB. Fresco: Valencia http://news.bbc.co.uk/2/hi/europe/3840659.stm
Beispiel für Renaissance Malerei im Stil Italiens

1. Convivencia
2. Analogiedenken
3. Oralität

Fernando de Rojas; La Celestina Untersuchung der Gattungsproblematik. Ein Drama? Ha. BB.
Siehe z.B. Neuschäfer: S. 65ff. Das Werk der Krise: die Celestina. Dialog, Komödie & Tragödie. Genus: Theater, zu derzeit aber noch nicht vorhanden. Anlehnung an ital. Neulateinische Humanistenkomödie.

Einzuordnen als *novela dialogada* Vorläufer des span. Romans (zwischen Theater und Roman)
- parodistische Replik auf die idealisierende *novela sentimental.*
- Weist Innovationen auf, die im Humanismus aufgegriffen werden

Epochenübergang - Gleichzeitigkeit des Ungleichzeitigen!
Kulturelle Bewegung von Gelehrten und Universellen: **HUMANISMUS**
Entsteht aus einzelnen Individuen (nicht die Masse) (Soziologische) Impulse wirken epochenmarkierend für die Renaissance.

2.1. Zentrale Merkmale des Humanismus
die Sprache: Neue Bewusstseinsbeimessung
- korrekte Sprache fundamental für Erkenntnis (Technizismus überlagert Erkenntnis)
- rethorisch glänzende Sprache für Überzeugung des Zuschauers.
   man spricht von der Verfinsterung der Sprache (der Künste, durch Übersetzungen)
- Suche in der klass. Latein. Sprache zb. Bei Cicero. Imitation des Antiken Sprachideals [imitatio]
- Lichtmetaphorik ist im Humanistischen Diskurs immer present. (Verfinsterung)
- Reinigung der Sprache, Texte sollen im Original gelesen werden (,ad fontes') nicht im Exzerpt
- Neuer Umgang mit Texten: Handschriftenvergleich. Fehlerbeseitigung.
- Geschärftes Bewusstsein für Sprache und Text zB. Nebrijas Grammatik 1492 (Vgl. Neuschäfer 2006)

2.1.1. Aufwertung der Volkssprache – **Juán de Valdéz – Diálogo de la lengua**
Volkssprache ist Objekt der Reflektion und der Grammatikschreibung.
   Gesprächsteilnehmer: Valdéz, Marcio, Coriolano, Torres (hist. Figuren)
   1. Ursprung. 2. Grammatik. 3. Bevorzugung v. Lauten/Buchstaben 4. Auslassung von Lauten
   5. Vokabular. 6. Stilistische Leitlinien (durch zB. Latein) 7. consolatio philosophie als Vorbildcharakter 8. Vergleich zum Italienischen/Latein dadurch reicher/edler
-
   2.1.2. Aktualisierung des antiken Gattungssystems
   (das) Epos antiker Prägung: Vergil: Aeneis
- Ode, Tragödie, Miszelle, Komödie z.B. Villalón: Viaje de Turquia
- Wiedereinführung der antiken Gattungen durch Humanisten
-
- 2.1.3. Historisierung
- triadisch/3Phasen Modell
- glänzende Antike
- ,Verfinsterung' v. Sprache und Bildung durch Barbaren aus dem Norden (Germanen) und Osten (Türken)
- ,Neuerleuchtung"
- Historisierung des Wissenschaftsbegriffs. Humanismus ist durch historisches Denken geprägt!

- 2.1.4. Pluralisierung
- Erweiterung des Textbestandes. Z.B. Wiederentdeckung der Dialoge des Platon u.
  Quintilias Rhetorik
- Pluralisierung der Autoritäten: Aristoteles nun nicht mehr der Papst/einzige sondern er
  wird durch nun möglichen Vergleich kritisiert und verglichen mit anderen Autoritäten
  und:
- Der ‚eigenen Experiencia' eigene Erfahrung vs. Aussagen der Autoritäten. Konform?
  Widerspruch? (Vgl. Neuschäfer 2006)
-
- 2.1.5. dignitas hominis – Die Würde des Menschen
- Neues Vertrauen in eigene Entscheidungsfähigkeit.
  'Irdisches Leben ist Tal der Tränen'
- F. Pérez de Oliva (Diálogo de la dignidad del hombre [1546] Aurelio vs. Antonio
-
- Aurelio : berichtet über menschliches Elend
- Verstand ist erst gereift wenn Mensch kurz vor seinem Tod, dann aber Sinne schwach
- Viele Laster
- ‚fama' ist nichts wert. Alles ist vergänglich.
- Wenn Erkenntnis erlangt – Memoria vergisst wieder. Prozess. Sisyphus
-
- Antonio: ‚Der Mensch ist das größte Werk Gottes', das Resumee der Schöpfung!
- Menschliche Hände schaffen großes. Ebenso der menschliche Wille
- Leben ist Weg zum Ziel. Himmel ist das Ziel. Es geht nicht um ‚fama'
- Mensch hat Würde und Möglichkeit den Himmel zu erreichen
  (seine ist die bessere Rede, kaum Widerspruch.
-
-
- Kernbereich des Humanismus
- Art der Überzeugung. Nicht ‚ob' sondern ‚wie' der Argumentation.
  Glänzende Argumentation.
- Rhetorik wird zur Leitwissenschaft.
-

2.3. Der Roman der Frühen Neuzeit

2.3.1. Ritterroman/ libro de caballerias

{- ist eine Gattung. Jedoch nicht höfisch wie die Arthusliteratur zB. In Frankreich: Chrétien
de Troyes, Perceval, in Versform.}

Neuschäfer S. 39/40

Amadís de Gaula (großer Erfolg)
Titelheld ist ritterlicher Protagonist, es gibt ähnliche Elemente wie bei höfischer Literatur: Zauber,
Geheimnisse etc.

Höfisches Liebeskonzept ist unterlaufen von einer Reihe von Liebesabenteuern
Die Geographie ist real und fiktiv zB. Konstantinopel, verzauberte Inseln

Joanot Matronell: Trant lo Blanc (1490)
Publikum: höfisch und Bürgerlich, weiblich, es wird oft öffentlich vorgelesen.
Zeitgenössische Kritik (> von Klerus und Humanisten): oft zu zügellose Abenteuer der Liebe,
Vergnügen im Vordergrund

{García de Rodríguez de Montalvo, Neuschäfer S.39.}

2.3.2. Pitaresker Roman/novela picaresca « Schelmenroman »

Anon: Lazarillo de Tormes (1554)

Zielscheibe der Kritik > Zensur

Darstellung der spanischen Gesellschaft
honra Leben als Diener bei versch. Herren des Klerus u. Adel. Versuch ein ehrgemäßes
Leben zu führen. Protagonist heiratet die Geliebte des Herrn (>**dishonra**)

1573 – „gereinigt und neu veröffentlicht, gekürzt weil: ungebührliche Darstellung der span.
Realität >honra, wird als lächerlich und grotesk dargestellt.
Mateo Alemán: Guzmán de Alfarche (1599/1604)

2.3.3. Schäferroman / novela pastoril

Jorge de Montemayor, los siete libros de la Diana (1559) >großer Erfolg 25-Druckauflagen

  Weitere grundlegende Schäfergesänge:

- Longus; Daphis u. Chloé
- Sonnazaro ; Arcadia
- Vergil ; Bucolica
- Teokrit

Landschaft im Roman Diana: Berge von León (ähnlich zu den gr. Arkaden)

Nicht zeitgemäße Realität der Schäfer, fiktive Handlung

7 Teile dazwischen immer eingeschobene, gesungene Gedichte (EKLOGE > Wechselgesang)

Kreis der unglücklichen Liebenden schließt sich. Diana ist zwangsverheiratet.

Schäfer erzählen Liebesabenteuer, sind lesbisch, 3ecks Beziehung etc.

→ Was war das zeitgenössische Interesse an dieser Art von Literatur?

Verschiedene Thesen:

  1. Unterhaltung: ↔ sprachl. Niveau sehr komplex. (> „eher nicht zutreffend")

2. Schlüsselroman: Figuren = reale Personen zeitgenössischer Realität? („)
3. Eskapistischer Roman: „Evansion" → Entrinnen, für höfisches Publikum, unverdorbene Welt zeigen, ohne Stände, als Flucht für den Adel in andere Lebenswelt. > Diese These vertritt Gumbrecht, Romanist.
4. Theoretisierung der Liebe, Phänomen der Liebe und ihr Verhältnis zur Vernunft „desenfreno del amor"
   Neuplatonismus: - Sphären – Summum bonum. Irdische/sinnliche Liebe hinter sich lassen um Sphären zu erreichen. Liebe als Schritt der aufsteigenden Erkenntnis.
   Kasuistik in Diana selbst: verschiedene Liebesverwirrungen
5. Konstellationen der Liebe: verschiedene Perspektiven > Gefühlskonstellationen, sehr emotional
   Subjektive Sicht auf die Liebeserfahrung. „Polyperspektivik"
6. Dichtung über Dichtung: Nachahmung von Dichtung und nicht von Realität. Dichter inszenieren sich als Hirten. Doppelungsstruktur.
   Autoreferentiell: Literatur über Literatur

(Vgl. Neuschäfer 2006)

Autoreflexiv: reflektieren über sich selbst

➢ Diese These vertritt: Wolfgang Iser; das fiktive und das Imaginäre

2.4. Wahrheit und Fiktion: Das Renaissance Epos
(Dazu Text im BB, Verfasser Roger Friedlein – bitte lesen!)
Antike Epen: Vergil: Aeneis
Homer: Odyssee, Ilias
langes Versgedicht gegliedert in 12-20 Gesänge in feierlichem Ton
Thema: heroische, militärische Thematik – oft Gründungsgeschichten/Identitätsstiftung
Heldenlied, Cantar de gesta – oral – Mio Cid (Epen in Antike, Mittelalter, Renaissance)
Beispiel am ital. Romanzo (Vers)
Einordnung der span. Epik: Libros de caballería (Prosa)
Seit 1550 iberoromanische Epen:Las indias occidentales
Las indias orientales
Stoff für Epen
(Durch die Verfassung von Epen – bleibender Ruhm in Form von Dichtung)
Mythos ist Gattungskonstitutives Merkmal!!! - „Das mythologisch Wunderbare"
Konflikt: Gattungsbedingter Fiktionszwang Kontextbedingter Referentiellitätszwang

2.4.1. Epische Programmatik
Prolog: Paratextuell
Proömium gehört zum Text [das, Plural Proömien; griechisch]. Vorspiel, Vorrede, Einleitung.
Es ist die Anfangspassage

2.4.1.1. Gaspar García de Alcarón – Proposito

Text setzt episches Gattungssignal!!! Baut Opposition von Wahrheit und Erfindung auf
Schließt Erfindung aus (Nahe Geschichtsschreibung)
also ein Verlassen der epischen Gattung Richtung Historizismus

2.4.1.2. J. Sempre, La Carolea (1560) Poetische Enthaltsamkeit

klammert Mythologie und Poetik aus
beinhaltet Digressión (lat. digressio ‚Abweichung, Abschweifung')Diskurs, zwingend, da sonst
kein Epos mehr!

2.4.1.3. G. Lasse de la Vega, Cortßes valeraso - 1588 Madrid

Epische Propositio – Stellungnahme zum Vorhaben (Prolog)
Envidia – von Figur Personifiziert: Element/Episode als Zweck: Erholung von Dichtung und Fiktion, hier also Wahrheit mit Ausnahme
span. Orientierung an der Wahrheit!
Ramón Menéndez Pidal (* 13. März 1869 in A Coruña, Spanien; † 14. November 1968 in Madrid)
war ein spanischer Philologe und Historiker.
Das Spanische zeichnet sich durch den „Espiritu realista" aus – im Unterschied zu FR und ITA

2.4.2. Alfonso de Ercilla y Zúñiga : La Araucana (1569/89) 6 Teile

eröffnet Tradition des Amerika Epos - Eroberung Südchiles
es ist ein „Bericht der Wahrheit" (allerdings „zurechtgestutzt")
Dokumentarischer Diskurs, eigene Augenzeugenschaft
Einfügen von Fabeln und Liebesgedichten (Wahrheitsvorgabe wird unterlaufen) Aeneas und Dido
VL8 Geschichte der Spanischen Literatur 9.12.2010

2.4.3. Luis Zapata: Carlo famoso (Carl V) 1566 –Verleger Joan Mey

verdad y ficción – gekennzeichnet durch * also, durch Eingriff des Verlegers Mey
(Sonderfall)

2.4.4. Luis de Camões: Os Lusiadas – 1571 Lissabon

Wahrheitsargument zu finden. Ornat: Umsetzung: 2 voneinander verschiedene/zunächst getrennte
Wahrheitsebenen
Thema: 1494 Vasco da Gama, Mombaza, Hinterhalt der Muslime
Schlussepisode: 2 Realitätsebenen treffen sich am Ende bei der Landung auf der Liebesinsel der
Venus. Seefahrer schlafen (real) mit Nymphen (Fiktion)
Historische Taten brauchen poetische Fiktion der Mythologie.
Durch das Zusammenkommen der Welten erst entsteht Ruhm und
Gloria um Wert der Taten zu erhöhe

11

3.3 Gracián und der desengaño

Zur Einleitung in die heutige Vorlesung sollen zunächst einige Überlegungen zu den Epochenkonzepten Renaissance und Barock getroffen werden. Diese Epochenbezeichnungen werden in dieser Vorlesung für die spanische Literatur nach dem Muster der anderen europäischen Nationalliteraturen verwendet. Die spanische Tradition kennt daneben für den Zeitraum vom Anfang (oder von der Mitte) des 16. bis ans Ende des 17. Jahrhunderts auch den Begriff ‚Siglo de Oro' oder ‚los Siglos de Oro'. Mit diesen Begriffen wird eine Hochphase der spanischen Literatur im Hinblick auf ihre Quantität, Qualität und internationale Wirkungsmacht bezeichnet. Tatsächlich kann kein Zweifel an der Einschätzung bestehen, dass die spanischsprachige Literatur in diesem Zeitraum tatsächlich diese Gütemerkmale aufweist und der Begriff des "Goldenen Jahrhunderts" in dieser Hinsicht berechtigt ist. Es soll aber im Rahmen dieser Vorlesung darauf ankommen, Epochenbegriffe zu verwenden, die auf Grund ästhetischer Merkmale geprägt sind und daher für die Anwendung in der Textanalyse aussagekräftiger sind als der alleinige Hinweis auf die zeitliche Herkunft aus der Hochphase der spanischen Literatur: Es wird eine prägnantere und gewichtigere Aussage getroffen, wenn man z.B. Luis de Góngoras *Soledades* dem Barock zuordnet als wenn man den Text dem Siglo de Oro zuordnet. Mit Letzterem sagt man aus, dass die *Soledades* aus der Blütephase der spanischen Literatur stammen. Dagegen erfordert die Zuordnung zum Barock, dass der Text tatsächlich wesentliche Merkmale dieser Epoche aufweisen muss. Im genannten Beispiel gilt dies z.B. für die in den *Soledades* auffällige und das Barock (oder: *den* Barock; sp. *el barroco*) kennzeichnende Gattungsmischung, die in der Vorlesung zu Góngora noch näher besprochen werden soll.

Heute soll es mit der Thematisierung des *engaño/desengaño* sowie des darüber noch hinausgehenden Problems der menschlichen Wahrnehmung in der Literatur des Barock um ein erstes typisches Epochenmerkmal des Barock gehen. Ein Autor, bei dem diese Problematik besonders im Vordergrund steht, ist der dem Jesuitenorden angehörige **Baltasar Gracián** (Calatayud 1601 – Tarazona (Aragonien) 1651). Er hat in seinen Texten insbesondere drei Gattungen bedient und beleuchtet dabei Fragen von Täuschung, vom Schein und der erkennenden Desillusion auf verschiedene Weisen.

1) Abhandlungen (= der Traktat, sp. *el tratado*) wie die über den klugen Hof- und Weltmann, *El Discreto* (1646), sowie *El Príncipe* über den idealen Fürsten. Sie geben systematische Handlungsanweisungen für eine Leserschaft, die sich in einer Welt zurechtfinden will, die durch den Schein und die gegenseitige Täuschung im allgemein sozialen und speziell im politischen Leben geprägt ist.

2) Aphorismensammlung: Die 300 Aphorismen des *Oráculo manual* (*Handorakel*, 1647) bringen Einzelgedanken ingeniös (geistreich) zu einer Zuspitzung. Die *engaño/desengaño*-Problematik steht hier häufig im Mittelpunkt.

3) Roman: Der allegorische Roman *El Criticón* (1651-57) beleuchtet die Problematik in einer fiktionalen Erzählhandlung unter personifizierten Figuren.

Die Begriffe *engaño* und *desengaño* beziehen sich in der Gedankenwelt des Barock zunächst auf die Täuschung, welcher der Mensch über die Bedeutung des irdischen Lebens verfällt: Der *engaño* liegt darin, dass den Dingen der Welt ein Wert beigemessen wird, den sie angesichts der Kürze des Lebens und angesichts des bevorstehenden Eingehens in das Jenseits nicht haben. Der *desengaño* ist in diesem christlich geprägten Sinne die Erkenntnis dieser Nichtigkeit, mithin das Überwinden der Täuschung. *Desengaño* ist daher ein positiv besetzter Begriff:

engaño, die falsche Illusionsbildung, vs.
          desengaño, die Erkenntnis der wahren Zusammenhänge.

Von dieser existenziellen Grundbedeutung aus kann der *engaño/desengaño*-Gedanke auf soziale und kommunikative Zusammenhänge extrapoliert werden. Dies gilt z.B. für die gegenseitige Täuschung im sozialen Kampf (insbesondere am Hofe) darum, wer unter den Hofleuten die Oberhand und die alles entscheidende Gunst des Monarchen behält. Das ratsame Vorgehen in diesem sozialen Kampf wird von Baltasar Gracián im *Oráculo manual* in kurzen, gedanklich hoch zugespitzten Klugheitsregeln reflektiert (Klugheit im Handeln = *prudencia*).

Dazu ein Beispiel: Unter dem Titel *Obrar de intención, ya segunda y ya primera* (Bald aus zweiter, bald aus erster Absicht handeln) fällt im 13. Aphorismus einführend zunächst die allgemeine Weisheit "Milicia es la vida del hombre contra la malicia del hombre" (Ein Krieg (*milicia*) ist das Leben des Menschen gegen die Bosheit (*malicia*) des Menschen). Von diesem Ausgangspunkt entwickelt Gracián seine Überlegung in vier Schritten:

Zunächst die einfache Verstellung: In Täuschungsabsicht wird eine Absicht, eine *intención* bekundet, um die Aufmerksamkeit (die *atención*) des Gegners zu lenken. Dann handelt man entgegen der Absichtsangabe und siegt durch dieses vom Gegner unerwartete Verhalten:

"Echa una intención para asegurarse de la émula atención, y revuelve luego contra ella, venciendo por lo impensado"

In einem zweiten Schritt begegnet jedoch der Verstand des Gegners diesem Vorgehen, indem er die Verstellung enttarnt und die Wahrheit hinter der Lüge erkennt: Seine "atención" nimmt daher genau das Gegenteil dessen an, was sie der gegnerischen "intención" nach verstehen sollte. Sie erkennt also die Täuschung als Täuschung und die "intención" als eine nur simulierte Handlungsabsicht:

"... pero la penetrante inteligencia la previene con atenciones, la acecha con reflejas [Überlegungen], entiende siempre lo contrario de lo que quiere que entienda, y conoce luego cualquier intentar de falso; deja pasar toda primera intención y está es espera de la segunda"

13

In einem dritten Schritt erkennt die "intención", dass ihre Täuschungsabsicht durchschaut worden ist und begegnet dem mit einer erneuten Wendung, einer so zu sagen 'doppelten' Lüge, indem sie den Gegner, der auf die Täuschung wartet, mit Hilfe der Wahrheit täuscht: "engañar con la verdad". Um also weiterhin täuschen zu können, muss das gegnerische Durchschauen der Täuschung einkalkuliert werden, um daraufhin die Wahrheit zum Medium der Täuschungsabsicht machen zu können, damit die gegnerische Aufmerksamkeit diese als Täuschung auffasst und dementsprechend doch so handelt, wie es in der ursprünglichen Täuschungsabsicht vorgesehen war:

> "Auméntase la simulación al ver alcanzado su artificio, y pretende engañar con la misma verdad. Muda de juego, por andar de treta [Finte], y hace artificio del no artificio"

Im letzten Schritt wird die aufmerksame Betrachtung auch diese Doppeltäuschung durchschauen:

> "Acude la observación entendiendo su perspicacia, y descubre las tinieblas revestidas de luz; descifra la intención más solapada [versteckt] cuanto más sencilla"

Versuchen Sie nun, Graciáns ganzen 13. Aphorismus ins Deutsche zu übersetzen! (Vgl. Neuschäfer 2006)

Obrar de intención, ya segunda y ya primera. Milicia es la vida del hombre contra la malicia del hombre. Pelea la sagacidad* con estratagemas de intención: nunca obra lo que indica; apunta sí para deslumbrar*; amaga* al aire con destreza, y ejecuta en la impensada realidad, atenta siempre a desmentir. Echa una intención para asegurarse de la émula* atención, y revuelve luego contra ella, venciendo por lo impensado; pero la penetrante inteligencia la previene con atenciones, la acecha con reflejos*, entiende siempre lo contrario de lo que quiere que entienda, y conoce luego cualquier intentar de falso; deja pasar toda primera intención y está es espera de la segunda, y aun a la tercera.
   Auméntase la simulación al ver alcanzado su artificio, y pretende engañar con la misma verdad. Muda de juego, por andar de treta*, y hace artificio del no artificio, fundando su astucia en la mayor candidez*. Acude la observación entendiendo su perspicacia, y descubre las tinieblas revestidas de luz; descifra la intención más solapada cuanto más sencilla*. De esta suerte, combate la calidez de Pitón contra la candidez de los penetrantes rayos de Apolo.

* sagacidad = Gewitztheit
* blenden
* antäuschen (z.B. einen Hieb mit dem Degen)
* nacheifernd
* Überlegungen
* Finte
* Einfalt, Naivität

14

* más... cuanto... = die um so versteckter ist je einfacher sie ist.

Doch nach diesem Kreislauf ist durchaus nicht alles wieder an seinem Platz. Die Positionen bleiben von diese Verkehrungen nicht unberührt: Wenn die Wahrheit in der Position der Lüge und die Lüge in der Position der Wahrheit erscheinen kann, dann vermag die denkende Aufmerksamkeit (*atención*) nie mit letzter Gewissheit zu sagen, ob es sich um eine einfache Täuschung, eine Doppeltäuschung oder vielleicht sogar schlicht um die Wahrheit handelt. Der Kreislauf der vertauschten Positionen hat in das Problem ihrer Unterscheidung ein Moment formaler Unentscheidbarkeit eingeführt. Nicht mehr 'an sich', sondern nur in ihrer Bezogenheit aufeinander sind die Positionen noch unterscheidbar. Sie werden damit uneindeutig und für moralische Aussagen untauglich. Am Ende bleibt nur das negative Wissen in Bezug auf ihre Verlässlichkeit: die desillusionierende Erkenntnis, dass man sich auf nichts verlassen kann. Der auf diese Weise erreichte *desengaño* geht weiter als die Erkenntnis irdischer Nichtigkeit. Er bezeichnet eine grundsätzliche Erkenntnisskepsis im Bereich des Irdischen.

3.4 Die Wahrnehmungsproblematik in Miguel de Cervantes: Don Quijote

Auf eine andere Weise mit Fragen von Illusion und Wirklichkeitswahrnehmung befasst sich Spaniens nach geläufiger Auffassung größter Roman, *Don Quijote de la Mancha* (1. Teil erschienen 1605, 2. Teil 1615) von Miguel de Cervantes (Alcalá de Henares 1547 – Madrid 1616). Seine Epoche machende Stellung wird zunächst daran festgemacht, dass die Geschichte vom 'Ritter von der traurigen Gestalt' lesbar ist als Parodie auf die Ritterromane (*libros de caballerías*) mit ihren heroischen Protagonisten, die unbesiegt zahllose Abenteuer in Liebe und Kampf bestehen. Dieser parodistische Charakter lässt sich bereits an dem Zweitnamen erkennen, den Don Quijote für sich gewählt hat: 'Caballero de la triste figura' ist eine Namensbildung, die sich an die Namen aus den Ritterromanen anlehnt. So ändert z.B. der Protagonist des portugiesischen Ritterromans *Clarimundo* von 1520 seinen Geburtsnamen in 'Cavaleiro das Lágrimas Tristes' (Ritter von den traurigen Tränen) – nicht etwa weil er selbst weinen würde, sondern weil er sich für eine untröstliche Jungfrau einsetzt, von der er das Wappen mit den Tränen erhält. Quijotes Name 'Caballero de la triste figura' entlarvt ihn parodistisch als die traurige und wenig heroische Gestalt, die er in der Wahrnehmung seiner Umgebung und der Leser tatsächlich abgibt.

Genauso die Abenteuer, die der Ritter von La Mancha in Begleitung des bodenständigen und gefräßigen Sancho Panza besteht: Sie sind bekanntlich Widerfahrnisse, in denen Don Quijote jede Heldenhaftigkeit abgeht, und zwar in der Wahrnehmung aller Beteiligten außer Don Quijote selbst: Die Figur des tugendhaften Ritters wird somit in ihm zu einer lächerlichen Figur. Mit der Figur des heroischen Protagonisten wird im *Don Quijote* auch die Gattung parodiert, in der die Ritterhelden auftreten: der *libro de caballerías*. Man kann den Quijote-Roman somit als parodischen Abgesang auf diese emblematische Gattung der Renaissance-Literatur lesen. (Vgl. Neuschäfer 2006)

Unterscheide:

Wir sprechen von 'Parodie', wenn das Ziel der Kritik, des Spottes oder des Lächerlichmachens ein Text oder eine Gattung ist, wie im Fall des *Don Quijote de la Mancha* im Hinblick auf die Ritterromane. Wir sprechen dagegen von 'Satire', wenn das Ziel Menschen oder soziale Zustände in der Realität sind.

Der DQ kann sich nicht darauf richten, das fahrende Rittertum als ein soziales Phänomen zu kritisieren oder zum Ziel des Spottes zu machen (dann wäre er eine Satire), da es zur Entstehungszeit des Romans längst keine fahrenden Ritter mehr gibt. Vielmehr kann er als Parodie einer literarische Gattung verstanden werden. (Vgl. Neuschäfer 2006)

Nun lässt sich grundsätzlich in Frage stellen, ob Parodien tatsächlich das Ziel verfolgen, wie es Miguel de Cervantes im Vorwort seines Romans selbst behauptet, die Gattung oder den Einzeltext, auf den sie sich beziehen, in seiner Validität auszulöschen. Vielmehr wäre zu fragen, ob die Parodie nicht die Gattung weiterschreibt, in der sie sich bewegt. Das Ziel, eine Gattung oder einen Modelltext in seiner Bedeutung auszulöschen, würde ja vermutlich effizienter durch den Vorschlag eines neuen, konkurrierenden Modells verfolgt, das tatsächlich den Platz des Alten einnehmen könnte. Aber dies sei hier dahingestellt und mag für unterschiedliche Parodien in unterschiedlichem Maße zutreffen.

Außer seiner Rolle für die Geschichte des Ritterromans bietet Don Quijote eine aspektreiche Bearbeitung des Themas, das in dieser Vorlesung als typisch für den Barock gewertet wird: Der Themenkreis um die menschliche Wirklichkeitswahrnehmung, um Illusion und Desillusionierung.

Don Quijote erscheint in diesem Zusammenhang als ein Mensch, dessen Wirklichkeitswahrnehmung eine andere ist als die der Menschen in seiner Umwelt: bekanntlich versteht er die Windmühlen, die an seinem Weg stehen, als Riesen, denen er sich zum Kampfe stellt und unterliegt. Konditioniert ist diese Wirklichkeitswahrnehmung durch seine ausführliche Lektüre von Ritterromanen. Ihren Wertekodex in Bezug auf den Liebesdienst an der geliebten Dame und den Kampfesruhm macht er sich für die Realität zu eigen, in der er lebt. Er interpretiert seine Lebenswelt nach den Wahrnehmungsschemata, die ihm die Welt der Ritterromane zur Verfügung stellt, nimmt sich selbst als fahrenden Ritter, das Hirtenmädchen Dulcinea del Toboso als Prinzessin, den Bauern Sancho Panza als Schildknappen und seinen Gaul Rocinante als Schlachtross wahr. Er verkennt also die Fiktionalität der von ihm gelesenen Ritterwelt und liest die Aussagen der *libros de caballerías* fälschlich als referentielle.

Werfen wir einen Blick auf den Vorspann der so genannten Marcela-Episode in den Kapiteln 12-14 des DQ. Don Quijote und Sancho Panza treffen hier bei der Suche nach einer Übernachtungsmöglichkeit auf eine Gruppe von Ziegenhirten. DQ entscheidet, für die Nacht bei ihnen zu bleiben und wird eingeladen, ihr einfaches Abendessen mit ihnen zu teilen. Eine

Handvoll Eicheln werden in seinen Augen vom einfachsten Nahrungsmittel für den Menschen zu einem Symbol einer verschwundenen Welt, nämlich des Goldenen Zeitalters. Inspiriert von den Eicheln, hält Don Quijote vor den verblüfften Ziegenhirten seine berühmte Rede über die vergangene Zeit der Vollkommenheit, in der es kein Privateigentum gab und eine grenzenlose Großzügigkeit von Mutter Natur herrschte. Die Landwirtschaft und ihre Mühen waren nicht nötig; die Frauen hatten keine Veranlassung, aufwändige höfische Kleidung zu tragen. In der Unschuld der Menschen genügten damals einige Zweige mit Blättern zur Bedeckung des Körpers. In Don Quijotes Zeit jedoch sei es nunmehr notwendig geworden, den Stand der Ritter einzusetzen (wie die erstaunten Ziegenhirten erfahren), um Jungfrauen und Witwen Schutz zukommen zu lassen:

"se instituyó la orden de los caballeros andantes, para defender las doncellas, amparar las viudas y socorrer a los huérfanos y a los menesterosos" (DQ 1: 11, 171).

Von den Eicheln in seiner Realität über die imaginierte Utopie des Goldenen Zeitalters zurück zur Realität: DQ verkennt die Grenzen und Wahrheitswerte der Welten.

Nicht so die Ziegenhirten. Nach dem Essen und der Prunkrede Quijotes zum Goldenen Zeitalter bitten sie einen jungen Mann namens Antonio, den gemeinsam Lagernden zum Vergnügen ein Lied, genauer gesagt einen *romance*, vorzutragen:

"De esa manera, Antonio, bien podrás hacernos placer de cantar un poco, porque vea este señor huésped* que tenemos quien también por los montes y selvas sepa de música. Hémosle dicho tus buenas habilidades y deseamos que las muestres y nos saques verdaderos; y así, te ruego por tu vida que te sientes y cantes el romance de tus amores que te compuso el beneficiado tu tío, que en el pueblo ha parecido bien. – Que me place – respondió el mozo."

* gemeint ist Don Quijote

Erinnerung:

Was ist ein *romance*, was sind seine (mindestens drei) gattungskonstitutiven Merkmale? Vergleichen Sie die entsprechende Vorlesung zur Renaissancelyrik.

Der junge Mann singt daraufhin ein Lied an die Geliebte Olalla, ähnlich wie wir es aus Schäferromanen wie *La Diana* kennen. Die Schäfer im DQ sind aber den Schäfern aus *La Diana* dennoch nicht gleichgestellt. Sie sind in der Welt, in der sich DQ bewegt, wirkliche Schäfer: Dementsprechend sind sie nicht tagein tagaus mit dem Singen von Liebeslyrik beschäftigt wie die Schäfer der *Diana*, sondern statt dessen mit ihrem Lebensunterhalt, und sie beauftragen einen Musikkundigen (was sie selbst nicht sind!), ihnen einen *romance* zur Abendunterhaltung vorzutragen. Dieses Lied wird von ihnen als ein Kunstprodukt erkannt und als solches benannt: Es ist eine Komposition von Antonios Onkel aus dem Dorf, die der

Bursche vorträgt. In der Lebenswelt der Ziegenhirten gibt es also durchaus Kunst / Gesangskunst, doch hat sie eben diesen Status als <u>Kunst</u>, die nur von einigen näher damit Befassten wie Antonio und seinem Onkel ausgeübt wird. Für die Ziegenhirten gibt es einen Unterschied zwischen ihrer Welt und der Welt des von Antonios Onkel komponierten *romance*. Im Gegensatz dazu Don Quijote: Er lebt in unmittelbarer Kontinuität zum antiken Arkadien und seinem Goldenen Zeitalter.

Heißt dies, dass DQs Wirklichkeitswahrnehmung grundsätzlich gestört ist; ist er, mit anderen Worten, verrückt?

Als zweites Beispiel für Quijotes besondere Wirklichkeitswahrnehmung kann die Episode der Hochzeit des reichen Bauern Camacho gelten. Sie soll damit enden, dass schließlich nicht Camacho el Rico, sondern sein armer Konkurrent Basilio die schöne Quiteria heiraten darf. Zur Feier der Hochzeit hat Camacho eine Tanzgruppe bestellt, die verschiedene Tänze aufführt, insbesondere aber eine „danza de artificio y de las que llaman habladas". Es handelt sich also offensichtlich um einen „sprechenden", einen allegorischen Tanz. Es war dies eine Modeerscheinung, die, ausgehend von den spätmittelalterlichen Festen an den Höfen Burgunds und den Triumphzügen der italienischen Renaissance, ganz Europa erfasst und im vorliegenden Fall bereits den sozialen Kontext eines ländlichen Neureichen erreicht hat. Bild und Bedeutung sind in diesen Tänzen, wie es allegorischen Bedeutungsstrukturen typischerweise entspricht, auf klar erkennbare Weise einander zugeordnet und verbunden, sei es durch normierte Attribute, sei es durch erklärende Beschriftung.

Erinnerung:

Vergleichen Sie die allegorischen Bedeutungen, die Enrique de Villena in seinen *Doze trabajos de Hércules* dem antiken Herkulesmythos zugewiesen hatte.

Eine andere Art von allegorischer Struktur bilden personifizierte Figuren, zumeist von abstrakten Begriffen, z.B. das Schicksal (Fortuna), die Klugheit (Prudencia) oder andere Begriffe, die ihrem grammatischen Geschlecht entsprechend als Frauengestalt personifiziert werden. Die 'wörtliche' Bedeutung wäre hier die einer Frau, die übertragen-allegorische die der Fortuna usw. Die klare und feste Zuordnung und Erkennbarkeit wird hier zumeist durch ein normiertes Attribut erreicht: So erscheint Fortuna als Frau mit einem Rad, das sie dreht.

Der vom Bauern Camacho bestellte allegorische Tanz, um den es hier geht, vereint acht Nymphen in zwei Gruppen, die jeweils vom Liebesgott Cupido und von der Figur des Interés, des Vorteils also, angeführt werden:

> "... aquél, adornado de alas, arco, aljaba y saetas; éste, vestido de ricas y diversas colores de oro y seda." (II, 177)

> (... jener geschmückt mit Flügeln, Bogen, Köcher und Pfeilen, dieser gekleidet in Gold und Seide von reichen und mannigfachen Farben.) (696)

Die Attribute weisen den Betrachter durch ihre traditionsabhängige Festlegung oder ihre ikonische Qualität klar auf die gemeinte Bedeutung. Die tanzenden jungen Frauen selbst: Sie heißen Poesie, Klugheit, edle Abkunft und Tapferkeit in der einen Gruppe; Freigebigkeit, Geschenk, Schatz und Besitz in der anderen. Ihre Bedeutung ist auf noch einfachere Weise zugeteilt, denn sie tragen „ihre Namen auf dem Rücken, mit großen Buchstaben auf weißes Pergament geschrieben". Ähnliches gilt auch für den Mittelpunkt des Tanzes, nämlich ein hölzernes Schloss, welches die umworbene Schöne des Tanzspiels beschützt: Es trägt auf allen vier Seiten die Inschrift „Castillo del buen recato" (Schloss der Sittsamkeit) – eine Bedeutung, die das gezeigte Objekt durch seine schützende Funktion überdies auch selbst signalisiert. Während des Tanzes sprechen die einzelnen Figuren darüber hinaus selbst und stellen so durch ihre Worte eine zusätzliche Verbindung zwischen *signifiant* und *signifié*, zwischen Bedeutendem und Bedeutetem her.

Der Tanz braucht uns hier nicht im Einzelnen zu beschäftigen bzw. nur insofern, als in ihm eine Dame in Gefahr gerät und wieder daraus errettet wird. Dies nämlich ist die Situation par excellence, in welcher der fahrende Ritter, als der sich Don Quijote ja versteht, einzugreifen verpflichtet ist.

Es ist nun aber auffällig, dass Don Quijote dies an dieser Stelle unterlässt. Vielmehr zeigt er, dass er den Kunstcharakter des Vorgangs voll erkannt hat und gibt, nachdem er sich nach dem Erfinder des Tanzes erkundigt hat, sogar ein ästhetisches Urteil über ihn ab: „¡Bien ha encajado en la danza las habilidades de Basilio y las riquezas de Camacho!" (11, 179) (Sehr gut hat er im Ballett Basilios Geistesgaben und Camachos Reichtum dargestellt.)

Don Quijote ist also durchaus zuweilen in der Lage, zwischen Leben und Kunst zu unterscheiden. Er sieht selbst da, wo eine Situation mit ausgesprochenem Appellcharakter für einen fahrenden Ritter vorzuliegen scheint, nämlich in der Bedrohung einer Dame durch niedere Habgier, das Spiel. Wie alle anderen empfindet er auch nicht Schrecken und Kampfbereitschaft, sondern ganz im Gegenteil Freude („contento") angesichts der künstlerisch gestalteten Harmonie („bailando y danzando concertadamente"; II, 179). Schwer konnte dies allerdings selbst Don Quijote nicht fallen, da die Künstlichkeit und Überzeitlichkeit des Geschehens mehrfach signalisiert wird: Allegorie, Musik und auch der Rahmen, in dem das Ganze sich abspielt, machen das Ganze als Fest und damit als Ausstieg aus dem Alltag kenntlich.

Hier erkennt DQ also den Kunst- und Bedeutungscharakter des Tanzspektakels, der ihm beim Gesang des Hirtenjungen Antonio in der Marcela-Episode entgangen war.

Als drittes Beispiel wäre an die Episode mit dem Puppenspieler Maese-Pedro zu denken: Hier greift DQ als Retter in die Aufführung eines Puppenspiels ein und zertrümmert das Theater: Er verkennt also abermals die Fiktionalität des Schauspiels; es fehlt ihm an der ästhetischen Distanznahme bei der Wahrnehmung.´

Die Schwierigkeiten bei der Wahrnehmung und Einordnung von fiktionalen und realen Welten hat Don Quijote als einzige Figur des Romans, während seine Umwelt sich jeweils einig darüber zu sein scheint, was als Fiktion wahrzunehmen ist und was nicht. Es scheint damit, als wäre die Wahrnehmungsproblematik im Don Quijote zunächst auf ein einziges Individuum beschränkt, während in der äußeren Kommunikationssituation, zwischen Autor und Leser, die Zuordnungen klar bleiben.

Diese Einschätzung muss jedoch relativiert werden, und zwar mit Blick auf die so genannte Avellaneda-Episode.

Der Name der Episode geht auf Alonso Fernández de Avellaneda zurück, unter dessen Namen 1614 in Tarragona ein Buch mit dem Titel *Segundo tomo del ingenioso hidalgo don Quijote de la Mancha* erschienen war: Also eine Fortsetzung des ersten Quijoteromans durch einen anderen Autor, der zudem Miguel de Cervantes im Vorwort seiner Romanfortsetzung heftig angreift.

Ein Jahr später erscheint 1615 Miguel de Cervantes' eigene Fortsetzung seines Romans. In diesem findet sich nun die so genannte Avellaneda-Episode im 59. Kapitel. Darin kommen DQ und Sancho Panza in ein Gasthaus. Dort schlägt einer der anderen Gäste vor, das Warten auf das Abendessen durch Lektüre zu verkürzen, und zwar indem man eine Passage aus dem zweiten Teil des Buches *Don Quijote de la Mancha* vorlese. Sein Gesprächspartner lehnt dies jedoch ab, denn besonders missfalle ihm an diesem Buch, dass Don Quijote im zweiten Teil seine Liebe zu seiner Dame Dulcinea del Toboso aufgebe. Don Quijote, der diesem Gespräch zugehört hat, erbost sich über die Unterstellung dieser Möglichkeit und droht den Gästen Gewalt an.

Er gibt sich den anderen Gästen als Don Quijote selbst zu erkennen. Darauf wird ihm das Buch vorgelegt, und er blättert es durch. Er kritisiert den Prolog, den Stil (erkennt es also als literarisches Werk) und kritisiert – übergangslos – die dort zu findenden Abweichungen von der Wahrheit: „porque aquí dice que la mujer de Sancho Panza mi escudero se llama Mari Gutiérrez, y no llama tal, sino Teresa Panza". DQ erzählt den Anwesenden daraufhin seine jüngsten Abenteuer in angenehmem Stil:

> „Aquí lo tenían por discreto, y allí se les deslizaba por mentecato, sin saber determinarse qué grado le darían entre la discreción y la locura" (970).

Sancho unterstützt DQ in der Auffassung, dass das vorliegende Buch (also die Fortsetzung von Avellaneda) lügenhaft sei:

„... que el Sancho y el don Quijote desa historia [de Avellaneda] deben de ser otros que los que andan en aquella que compuso Cide Hamete Benengeli, que somos nosotros"

Fiktive und reale Welt vermischen sich hier auf eine paradoxe Weise, die eine nähere Beschreibung verdient. Zunächst liegt eine ‚weiche' Variante einer Struktur vor, die wir "mise-en-abyme" (oder: "mise-en-abîme") nennen: Davon ist die Rede, wenn ein Text oder Fragment eines Textes in dem Text selbst (also in seiner fiktionalen Welt) vorkommt.

Als klassische Umsetzung dieses Kunstgriffs ist der Roman *Les Faux-monnayeurs* (Die Falschmünzer, 1925) von André Gide zu nennen.

Zunächst liegt in der Avellaneda-Episode eine abgeschwächte Variante dieses Phänomens vor, da der im 2. Teil des DQ vorliegende Text nicht der 2. Teil des DQ von Cervantes selbst, sondern der 2. Teil des DQ von Avellaneda ist.

Dazu kommt aber im Folgenden, dass Sancho Panza den 2. Teil des DQ von Cervantes, in dem er sich selbst befindet, ausdrücklich erwähnt, allerdings nicht mit dem Namen seines Autors Miguel de Cervantes, sondern unter dem Namen der Erzählerfiktion Cide Hamete Benengeli: Cervantes gibt nämlich in den Paratexten zum DQ vor, der Roman stamme nicht aus seiner eigenen Feder, sondern von einem maurischen Erzähler namens Cide Hamete Benengeli.

Im Übrigen entscheidet DQ bei der Abreise aus der Venta (Wirtshaus), nicht nach Saragossa zu ziehen, wohin er im Fortsetzungsroman von Avellaneda geht, um zu bezeigen, dass er der echte DQ sei.

Eine solche Metalepse, in der auf paradoxe Weise die Realitätsebenen überschritten werden, überträgt die Wahrnehmungsproblematik, die wir bislang innerhalb der fiktionalen Welt kennen gelernt hatten, aus dieser Welt auf die äußere Kommunikationssituation zwischen Autor und Leser, denn sie konfrontiert nun den Leser mit der Paradoxie seiner Wahrnehmung: Er muss sich fragen, wie eine Gestalt in einem fiktionalen Text wie Sancho Panza von ihrer eigenen Gemachtheit durch einen Erzähler sprechen kann.

Der DQ wird vermittels der Thematisierung von Realität und literarischer Fiktion, an deren Unterscheidung der Ritter Don Quijote fallweise scheitert, zum Roman über Dichtung und ihren Status: Das herausragende Beispiel von Autoreflexivität in der Literatur des spanischen Siglo de Oro.

3. Barock

3.1. Konzeptistische Ästhetik

Louis de Góngora: Soledades (S.118/119 Neuschäfer)

Schwierige Texte daher schon zeitgenössisch mit Erklärungslektüre

(Prä-philologischer Ansatz) Kommentarbände:

P e d r o D íaz de Rivas (1627)

J o s e p h P . de Salas y Tovar (1630)

Protagonist ist auf Insel – Schäferwelt (Dichtung) ; Kein Epos, keine heroische Geschichte

Anspielung auf Epen

estilo gongorino

Versform: freie Gedichtsform der damaligen Zeit (11/7 folgend – Abfolge unregelmäßig)

Silva

Hyberbaton - Auseinanderstellung 2 Wörter die zusammengehören

Bildhafte Vergleiche die Aufeinander treffen jedoch Gegensätzlich sind: z.b. dulces querellas

od. libia de ondas

(refinadamiente culto e ingeniosamente conceptuoso)

Mythologisches Wissen ist vorausgesetzt

(culteralismo)

prägend für Barock!

Gattungsmischung – weder Epos noch Schäfer

Barock vermischt Gattungen – Grenzen werden aufgehoben

Stil: Vergil

Epos - Lehrgedicht - Eklogen

Aeneis - Georgica - Bucolica

Quevedo – A una Nariz

Antijüdischer Impuls, gemeint ist Góngora, obszön: "cara de Anás

3.2. Das Drama im Siglo de Oro

(Neuschäfer S. 152-184)

Unterscheidung von Dichtung

a) Mittel Vers, Rhythmus, Melodie

b) Gegenstände Thema (Nachahmung, guter/schlechter Menschen)

c) Art und Weise berichtend, Redekriterium: Erzählerrede *(Diegesis)* od. Figurenrede

(Mimesis) Begriffsverwendung hier nach Platon! Aristoteles hat andere Verwendung s.u.

Für Aristoteles: Dichtung ahmt die Realität nach = Mimesis

Nach Aristoteles: Theater/Drama = Figurenrede; Narrativik = Figuren u./od. Erzählerrede

Einheit

Tragödie: Zeit/Ort

Epos: mehrere Tage/Orte

(Handlungseinheit: eine Handlung, Anfang, Mitte, Ende)

Performativer Charakter des Theaters

Figurenrede ist gleichzeitig die Handlung

Dramatische Rede konstituiert Sprechsituation durch Figuren

Ad spectatoris – im Nebentext durch fehlen der Vermittlungsebene in Narrativik

3.2.1. Die neue Gattung: *COMEDIA* (Neuschäfer S. 164)

Elemente aus Komödie und Tragödie vermischt. Der Begriff Tragikomödie ist jedoch nicht adäquat. Trennung zur Tragödie aufgehoben.

Blütezeit in der ersten Hälfte des 17.Jhd. in Valencia, Sevilla dann Madrid und Toledo.

Sie besteht aus 3 Akten (*jornadas*) nach Lope de Vega

1. Exposition
2. Entwicklung des Konflikts, Zerstörung der etablierten Ordnung
3. Lösung des Konflikts, Wiederherstellung der Ordnung – Happy End

Die klassische Forderung nach Einheit wird jedoch nur bei der Handlung gewahrt. Nicht bei Zeit

und Raum. Zentrales Thema ist die Liebe.

es gibt eine Ebene mit adeligem Personal (*dama, galán, rey*, etc.) und eine weitere mit Personen

einfacher Herkunft (Dienstpersonal, *el gracioso* - der obligatorisch ist)

Das Geschehen auf der Bühne ist jedoch, auch wenn es so scheint, nicht repräsentativ für die damalige Realität!

Wichtiger als d Personencharakterisierungen sind für d *comedia* die **Handlung** und der **Konflikt!**

Aufgrund von sehr großer Nachfrage auch als Form von Massenkultur gesehen.

Es wird oft von geistiger Anspruchslosigkeit (Neuschäfer S.164 gesprochen) da das vulgo ignorante („el vulgo con sus leyes") mit seinen Reaktionen die Handlung mitbestimmt hat.

Allgemeines Ziel war das *entretenimiento*. Theater unterlag auch Zensur (Index von Toledo)

Die Untergattungen der *comedia*

Es gibt 3 Theaterformen über Sozialumstände, Religion und Politik. Sie sind Apologien dessen,

was es gibt in Form der Performativität.

Comedia de capa y espada

Mantel und Degenstücke waren die beliebtesten in der Epoche Lope de Vegas.

Intrigenkomödien, Hauptthema: Liebe (im Adelsmilieu).

Komplizierte Verwicklungen (*enredos*) – Lösung des Konflikts/Hochzeit/Herrschaft/Dienerschaft

Drama de *honor*

Es geht um den Ehrverlust eines Adeligen durch die Untreue deiner Ehefrau bzw. durch den bloßen Verdacht.

z.B. Pedro Calderón de la Barca - "*El médico de su honra*"

Comedia histórica

Spanische Geschichte, militärische und politische Triumphe präsentiert auf der Bühne. Auch historische Begebenheiten aus der Antike und Italiens.

(Die Grenzen zum Stand wurden aufgelöst in „*Arte nuevo de hacer comedias*" 1609 Lope de Vega), Wirrungen durch Ordnungsverletzungen Sozial/gender

z.B. Lope de Vega – „*Fuente Ovejuna*" (1610) Dorfgemeinschaft tötet Herrn (Neuschäfer S.171)

z.B. Pedro Calderón de la Barca – „*El príncipe constante*"

3.2.2. Autosacramental

Inszenierung des Frohnleichnamsfestes auf der *carro-Bühne in Form einer Prozession durch die*
Stadt. Zunächst nur an einem einzigen Tag aufgeführt – Frohnleichnam. Transsubstantiation
(Wesensverwandlung) Schauspiele zu Ruhm und Ehre der Eucharistie (gloria y pan)
Themen: von Erbsünde bis Erlösungstat Christi. Verwendung **allegorischer Gestalten**: Fé,
Pecado

3.2.3. Hofteater - *Corrales*

aufwendige Inszenierungen, die *fiestas* dienten der barocken **Selbstfeier des Königtums**.
Keine finanziellen Einschränkungen, Prunkvolle Veranstaltungen, repräsentativ
Hier bestimmt die Handlung nicht das *vulgo* mit, sondern der König.
Handlung im sozialen Kontext, hat meist politische Aussage.
Okkasionalität: Einige Aufführungen wurden für bestimmte Anlässe verfasst. Sie könnten
bei Wiederaufführung ihr Bedeutungspotential verlieren. Bindung an Aufführungssituationen.
Es gibt drei Aufführungssituationen
Corral im Innenhof, Patio/stehplätze fürs vulgo und Ränge/Logen für Bessergestellte
Teatro de corte Hofbühne für fiestas (mitologicas) aufwendige Inszenierungen
Carro-Bühne mobile Bühnen
für die Aufführung der Auto sacramentales
Lope de Vega * 25. November 1562 in Madrid; † 27. August 1635 Madrid
Pedro Calderón de la Barca * 17. Januar 1600 in Madrid; † 25. Mai 1681 Madrid

LITERATUR

Alemán, Mateo (1986) *Der grosse spanische Vagabund Guzmán de Alfarache: wie er aus Sevilla auszog, sein Glück zu suchen in Madrid* ... ; ein Schelmenroman. [Hrsg. und mit einem Nachwort versehen von Reinhard Lehmann. Illustrationen von Christa Jahr]. Berlin: Eulenspiegel-Verlag, 1986

Cervantes: Don Quijote Bd. I, Dieterich'sche Verlagsbuchhandlung, Leipzig 1953. Zeittafel S. XI - XIII.

De Valdés, Juan: *Diálogo de la Lengua (in Spanish), Madrid (published 1737), 1873 [1533].*

Montemayor, Jorge: Los siete libros de la Diana, 1559

Jorge de Montemayor: *La Diana*, Übersetzung ins Englische von RoseAnna M. Mueller, Lewiston 1989

Neuschäfer, Hans- Jörg (2006): *Spanische Literaturgeschichte,*Stuttgart (Metzler)

Neuschäfer, Hans- Jörg: Cervantes: Don Quijote. Kommentierte Auswahl aus dem spanischen Original, Stuttgart (Reclam) 2007

Vega Carpio, Lope Félix de: Coleccion De Las Obras Sueltas Assi En Prosa, Como En Verso. 3 - Madrid : Sancha, (1776)